AF544494

GRöLS
Verlage

„Bücher sind wie Fallschirme. Sie nützen uns nichts, wenn wir sie nicht öffnen.“

Gröls Verlag

Redaktionelle Hinweise und Impressum

Das vorliegende Werk wurde zugunsten der Authentizität sehr zurückhaltend bearbeitet. So wurden etwa ursprüngliche Rechtschreibfehler regelmäßig *nicht* behoben, denn kleine Unvollkommenheiten machen das Buch – wie im Übrigen den Menschen – erst authentisch. Mitunter wurden jedoch zum Beispiel Absätze behutsam neu getrennt, um den Lesefluss zu erleichtern.

Um die Texte zu rekonstruieren, werden antiquarische Bücher von Lesegeräten gescannt und dann durch eine Software lesbar gemacht. Der so entstandene Text wird von Menschen gegengelesen und korrigiert – hierbei treten auch Fehler auf. Wenn Sie ebenfalls antiquarische Texte einreichen möchten, finden Sie weitere Informationen auf www.groels.de

Viel Freude bei der Lektüre wünscht Ihnen das Team des Gröls-Verlags.

Adressen

Verleger: Hermann-Josef Gröls,

Im Borngrund 26, 61440 Oberursel

Externer Dienstleister für Distribution & Herstellung:

BoD, In de Tarpen 42, 22848 Norderstedt

Unsere „Edition | Werke der Weltliteratur“ hat den Anspruch, eine der größten und vollständigsten Sammlungen klassischer Literatur in deutscher Sprache zu werden. Nach und nach versammeln wir hier nicht nur die „üblichen Verdächtigen“ von Goethe bis Schiller, sondern auch Kleinode der vergangenen Jahrhunderte, die – zu Unrecht – drohen, in Vergessenheit zu geraten. Wir kultivieren und kuratieren damit einen der wertvollsten Bereiche der abendländischen Kultur. Kleine Auswahl:

Francis Bacon • Neues Organon • **Balzac** • Glanz und Elend der Kurtisanen • **Joachim H. Campe** • Robinson der Jüngere • **Dante Alighieri** • Die Göttliche Komödie • **Daniel Defoe** • Robinson Crusoe • **Charles Dickens** • Oliver Twist • **Denis Diderot** • Jacques der Fatalist • **Fjodor Dostojewski** • Schuld und Sühne • **Arthur Conan Doyle** • Der Hund von Baskerville • **Marie von Ebner-Eschenbach** • Das Gemeindekind • **Elisabeth von Österreich** • Das Poetische Tagebuch • **Friedrich Engels** • Die Lage der arbeitenden Klasse • **Ludwig Feuerbach** • Das Wesen des Christentums • **Johann G. Fichte** • Reden an die deutsche Nation • **Fitzgerald** • Zärtlich ist die Nacht • **Flaubert** • Madame Bovary • **Gorch Fock** • Seefahrt ist not! • **Theodor Fontane** • Effi Briest • **Robert Musil** • Über die Dummheit • **Edgar Wallace** • Der Frosch mit der Maske • **Jakob Wassermann** • Der Fall Maurizius • **Oscar Wilde** • Das Bildnis des Dorian Grey • **Émile Zola** • Germinal • **Stefan Zweig** • Schachnovelle • **Hugo von Hofmannsthal** • Der Tor und der Tod • **Anton Tschechow** • Ein Heiratsantrag • **Arthur Schnitzler** • Reigen • **Friedrich Schiller** • Kabale und Liebe • **Nicolo Machiavelli** • Der Fürst • **Gotthold E. Lessing** • Nathan der Weise • **Augustinus** • Die Bekenntnisse des heiligen Augustinus • **Marcus Aurelius** • Selbstbetrachtungen • **Charles Baudelaire** • Die Blumen des Bösen • **Harriett Stowe** • Onkel Toms Hütte • **Walter Benjamin** • Deutsche Menschen • **Hugo Bettauer** • Die Stadt ohne Juden • **Lewis Caroll** • *und viele mehr….*

Narzißmus als Doppelrichtung - Lou Andreas-Salomé

Was es auf sich hat mit dem Freudschen Narzißmusbegriff, das stellte sich erst allmählich immer bedeutsamer heraus, und erklärt damit vielleicht, warum, auch bei Gegnern und Dissidenten, der Name so wenig diskutiert wurde, als deckten bereits sonstige Benennungen den gleichen Begriff. Ursprünglich, solange Narzißmus tautologisch für Autoerotismus stand, war das ja in der Tat der Fall; als Freud ihn dann übernahm, zur Kennzeichnung jener Libidophase, wo, nach autoerotischer Selbst- und Weltverwechslung des Säuglings, die erste Objektwahl auf das Subjekt selber fällt, da rührte er dadurch zugleich schon an ein weiterreichendes Problem: "Das Wort ›Narzißmus‹ will betonen, daß der Egoismus auch ein libidinöses Problem sei, oder, um es anders auszudrücken, der Narzißmus kann als die libidinöse

Ergänzung des Egoismus betrachtet werden." (Freud, Metaps. Erg. d. Trl.) Also kein Beschränktsein auf einzelnes Libidostadium, sondern als unser Stück Selbstliebe alle Stadien begleitend; nicht primitiver Ausgangspunkt der Entwicklung nur, sondern primär im Sinne basisbildender Dauer bis in alle spätern Objektbesetzungen der Libido hinein, die darin ja, nach Freuds Bild dafür: nur, der Monere gleich, Pseudopodien ausstreckt, um sie nach Bedarf wieder in sich einzubeziehen. Allerdings stellte Freuds Einführung des Narzißmusbegriffs in die theoretische Psychoanalyse von vornherein zu dessen Definition fest, daß die psychischen Energien: "im Zustande des Narzißmus beisammen und für unsre grobe Analyse ununterscheidbar sind, und daß es erst mit der Objektbesetzung möglich wird, eine Sexualenergie, die Libido, von einer Energie der Ichtriebe zu unterscheiden." Mithin als Grenzbegriff gesetzt, über den Psychoanalyse nicht hinaus kann, bis zu dem hin sie jedoch therapeutisch zu dringen hat, als dem Punkt, wo krankhafte Störung erst ganz sich zu lösen,

Gesundheit sich zu erneuen vermag, weil "krank" und "gesund" daran letztlich falsche oder rechte Aufeinanderbezogenheiten der zwei innern Tendenzen bedeuten, je nachdem diese sich hemmen oder fördern.

Indem beides sich am personellen Träger vollzieht, grenzt es, mit dessen steigender Bewußtheit seiner selbst, sich desto undeutlicher voneinander ab: macht den Umstand immer noch unmerklicher, daß im libidinös Gerichteten sich etwas durchsetzt, was der Einzelperson als solcher entgegengerichtet bleibt, was sie löst, zurücklöst in dasjenige, worin sie vor ihrer Bewußtheit noch für alles stand, wie alles gesamthaft für sie. Denn sollen Icherhaltungs-, Selbstbehauptungstriebe sich von libidinösen überhaupt begrifflich streng trennen, so kann Libido nichts anderes besagen als eben diesen Vorgang: diesen Bindestrich zwischen erlangter Einzelhaftigkeit und deren Rückbeziehung auf Konjugierendes, Verschmelzendes; im narzißtischen Doppelphänomen wäre sowohl die Bezugnahme der Libido auf uns selbst ausgedrückt als auch unsere eigene

Verwurzelung mit dem Urzustand, dem wir, entsteigend, dennoch einverleibt blieben, wie die Pflanze dem Erdreich, trotz ihres entgegengesetzt gerichteten Wachstums ans Licht. Wie wir ja auch in den Körpervorgängen die geschlechtliche Weitergabe gebunden sehen an indifferenziert bleibende kleinste Totalitäten, und wie in unseres Körpers "erogenen Zonen" Überlebsel wirksam sind eines Infantilstadiums, aus dem die Organe sich längst in Dienstbarkeit der Icherhaltung aufteilten. Die Frage lautet auch gar nicht: ob's theoretisch vielleicht doch angängig sei, den narzißtischen Doppelsinn eindeutig zu fassen, sei es, den Ichtrieb der Libido zu überantworten (als entspräche z. B. auch das Ernährungsbedürfnis noch einer Art von Konjugation mit dem Außer-uns), oder umgekehrt die Libido dem Bemächtigungsbestreben des einzelnen (als einer Ich-Habgier), zu unterstellen. Nein, nicht solches ist die Grundfrage, sondern es geht um die innere Verschiedenheit von Erlebnissen, die durch zweierlei Namengebung auseinandergehalten wird, anstatt durch gewaltsames Vereinheitlichen des Begriffs sie zu verwischen. Nachgehen, so weit wie möglich, so tief wie tunlich, den verborgenen lebendigen Tatbeständen: um das handelt sichs Freudscher Psychoanalyse, und dazu allein bedient sie sich des populären Gegensatzes von Ich- und Sexualtrieben. Darum erschiene es mir als Gefahr, wenn am Narzißmus seine Doppelseitigkeit nicht als sein Wesentliches betont bliebe, wenn durch Wortverwechslung mit bloßer Selbstliebe sein Problem sich sozusagen ungelöst erledigte. Ich möchte deshalb jene andere, fürs Ichbewußtsein zurücktretende, Seite daran – die der festgehaltenen Gefühlsidentifizierung mit allem, der Wiederverschmelzung mit allem als positivem Grundziel der Libido, an einigen Punkten hervorkehren, und zwar an dreien: innerhalb unserer Objektbesetzungen, innerhalb unserer Wertsetzungen, und innerhalb narzißtischer Umsetzung ins künstlerische Schaffen.

Zunächst jedoch, schon vorweg des "trocknen Tones satt", möchte ich von einem Bübchen erzählen, an dem mir besonders eindringlich zu beobachten vergönnt war, wie wir mit unserm Ichwerden nicht nur in die neuen Freuden bewußterer Selbstliebe drängen, sondern nicht minder das Ich sich uns vorerst aufdrängen kann als Einbuße an der Lust passiver Aufgenommenheit in das von uns noch nicht voll Unterschiedene. Um die Zeit dieses Doppelereignisses von Einbuße und Zuschuß begann das Bübchen sich aus einem zärtlich zutraulichen in ein weinerlich erbostes zu wandeln; es schlug, und nicht zum Scherz, die sehr geliebte Mutter, zeigte abwechselnd Zorn- und Angstzustände, und hätte sein Leid doch kaum klarer auszudrücken vermocht, als einst ein kleiner sprachkundigerer Leidensgenosse es dem geärgerten Vater gegenüber mit dem bittern Vorwurf tat: "Du bist so frech, und ich bin so traurig." Die letzte Ursache zu alledem stellte sich damit heraus, daß das Leid sich löste, sobald das Bübchen aufgehört hatte, von sich in dritter Person zu reden, sobald, gleich schmerzlich durchbrechendem Zahn, das erste "Ich" sich ihm entrang. Einstweilen aber galt das neue Wort nur bei den, alltäglich gewordenen, Zusammenstößen mit der Umwelt; die Augenblicke alter Harmonie fanden immer noch statt des "Ich" das "Bubele" vor. So erklärte er jemandem, der ihn in den Winkel gestellt sah: "Ik bös!" hinterdrein jedoch, strahlend auf die Mutter zulaufend, verkündigte er: "Bubele wieder gut!" Erst nach Monaten trat endgültig das Bubele zurück, und ein völlig anderes als das verzweifelt böse Gesicht lugte durch den Türspalt herein, wenn er, eintretend, mit betonter Würde, die Anwesenden wissen ließ: "Ik komme!" Nun erst war die ständige Gekränktheit, die tiefe, erschrockene, geschwunden, unser aller Urkränkung: über das unbegreifliche Sichpreisgegebensehen an die eigene Vereinzelung, deren Unbegreiflichkeit sie eben als von außen bedingte erscheinen ließ. Mit jedem Schlag oder Schrei wider geliebte Personen, jedem rächenden Wehetun hatte zugleich letzte Wollust sich ausgeschwelgt, etwa in den Tränen der Mutter die verlorene

Identität schmerzhaft wiedergenießend. Wie solcher kindliche Sadismus für die meiner Ansicht nach bisweilen doch nur sekundäre Natur des Sadistischen spricht, wenigstens als Umschlag aus unsern noch unbewußten Identifizierungen, so zeigt er vielleicht auch, wie unerhört nahe der Ödipuskomplex ihm gelegen ist: gerade seine überraschende Kraßheit gewinnend aus dieser Überstülpung der schweifenden Gefühlsweite in die Enge des Bewußtwerdens der eigenen Vereinzelung und damit in die Ichaggression. Übrigens war beim Bübchen mit der Ichgeburt der innere Widerstreit noch nicht vollends abgetan: das geschah erst durch eine Erscheinung, von der ich wohl weiß, daß ihr, durchaus nicht seltenes Vorkommen recht verschieden begründet sein kann, die in diesem Sonderfall sich aber gar deutlich als Notersatz für die eingebüßte Allesbedeutung betrug. Das Bübchen schmuggelte nämlich einen kleinen unsichtbaren Gefährten in die Welt seiner neuen Erfahrungen ein, dessen leiblichen Umriß er einem Bilderbuch entnahm, worin blumenbekränzten Kindern ein lustiger Junge voraufsprang, mit den Worten darunter: der Mai ist gekommen. Junge Mai ergab fortan den ergänzenden Doppelgänger zu des Bübchens jeweiliger Schicksalslage: er hatte, je nach Bedarf, als froh oder betrübt, brav oder bös, beschenkt oder bestraft, ja als tot oder lebendig ihm das Komplement zu stellen; ergings dem Bübchen wenig nach Wunsch, so labte es sich an des Mai's um so ungemessenern Wunscherfüllungen; wo aber des Glückes Überfluß das Bübchen umzuwerfen drohte (wie zu Weihnachten angesichts des Baumes und der Gabenfülle), da entschied es kurzerhand: "heute dem Mai nichts!", und beidemale war ersichtlich, daß nicht Neid oder Schadenfreude daran mitwirkten: am glücklicheren Mai tröstete, am leer ausgehenden Mai mäßigte das Bübchen sich, in jener einzig echten "Selbstlosigkeit" des noch nicht ganz zu Alleinbesitz mit sich gelangten Selbst.

Im gleichen Grade, wie dieser Alleinbesitz sich festigte, erschien der Mai minder ständig, hatte er weiteren Weg zurückzulegen bis ans Haus, das er anfänglich mitbewohnte; später zog er gar in eine benachbarte Ortschaft und endlich mußte er sich zu Bahnbenutzung bequemen und Bahnzeiten innehalten. Als ich nach Bayern abreiste, bekam ich ihn zum Reisegeleit, und bei mir verstarb er des Todes, wodurch er sozusagen bayerisch lokalisiert blieb, nach meinem Aufenthalt befragt, versicherte das Bübchen drum: "die Lou, die ist nun im Himmel." Hinzuzufügen bliebe noch, daß – gewissermaßen entlang am Mai – des Bübchens Selbstbewußtsein und -vertrauen ganz sonderlich erstarkten und nicht leicht etwas den Vergleich mit diesem Ik aushielt, ferner aber, daß es noch jetzt (mit drei Jahren) einen Anlaß gibt, wo der Mai wieder erscheint, wenn auch "nur nachts": das ist, wenn dies ungemein musikalische Bübchen auf einen psalmodierenden Singsang verfällt, den es in einer letzten Bescheidenheit – und dies ist interessant – unter keinen Umständen dem vielvermögenden Ik allein zubilligt.

Gerade wie späterhin unsere Libido bereits bewußte Eigenschaft am Ich geworden, Angst erleidet bei Verdrängen, Hemmen unseres Bemächtigungsbestrebens, so kann sie es vorher erleiden auch infolge noch zögernden Zustimmens zur Herausbildung einer als eng und einzeln betonten Person; auch dies wirkt gleich Verdrängungsschüben, durch die sich in abgegrenztes Flußbett bequemen muß, was sich Meer gewähnt. Entsprechend der letztbemerkten Mission des Mai scheint das am längsten vorzuhalten bei Kindern mit starker Phantasietätigkeit, und ist aus wesentlich späteren Jahren als die des Bübchens mir zur Beobachtung gelangt. Von mir selbst entsinne ich mich eines hergehörigen Vorfalls aus meinem – sehr ungefähr berechnet – siebenten Jahr, den freilich ausnahmsweise Umstände begleiteten, die hier zu erörtern zu weit führen würde, sie fanden statt durch erstmaliges verfrühtes Hinausgeraten aus kindfrommer Gläubigkeit, also aus jener Gottgeborgenheit, die nicht unähnlich einer letzten geistigen Eihaut das Menschenkind umhüllen mag, mit ihrem

Zerreißen die Ichgeburt in die Weltfremde in gewissem Sinn erst vollendend. Es betraf einen Eindruck vor dem eigenen Spiegelbild: wie jähes, neuartiges Gewahrwerden dieses Abbildes als eines Ausgeschlossenseins von allem übrigen; nicht wegen etwas am Aussehn (z. B. als eines schöner phantasierten oder aber gewissenweckend infolge der Zweifelsünde jener Zeit), sondern die Tatsache selber, ein Sichabhebendes, Umgrenztes zu sein, überfiel mich wie Entheimatung, Obdachlosigkeit, als hätte sonst alles und jedes mich ohne weiteres mitenthalten, mir freundlich Raum in sich geboten.

Natürlich erfahren Kinder und Kranke eher von dieser Unheimlichkeit, sich gerade an der Ichschranke zum bloßen Bildspuk, zu äffendem Schein zu werden, als ausgewachsene Normalmenschen, die nur der entgegengesetzte Umstand, diese Schrankensicherheit könne sich verflüchtigen, aus ihrer Fassung würfe. Wie beim Kinde das noch nicht gefestigte Ichbewußtsein, so legt beim psychotisch Erkrankten der

Ichzerfall, jene andere Seite am Narzißtischen bloß, wo sich am Narzißmus erweist, daß er sich eben nicht mit "Selbstliebe" ganz deckt: weshalb der Psychot uns so viel darüber aussagt bei und durch Verlust seiner Ichgrenzen; indem er seine Fähigkeit zu Übertragung, zu Objektbesetzung, als nur vom Ich aus mögliche, einbüßt, regrediert er bis dorthin, wo man auf Einzelnes als solches, und so auch auf sich als den einzelnen, nicht mehr überträgt: nur daß ihm, wie dem Säugling, die beide allein diesen Zustand in so reiner Halbheit erfahren, das kennzeichnende Wort dafür fehlt, wir aber mit unsern Bezeichnungen schon stecken bleiben in der Mischung beider Hälften zu ununterscheidbarer Ganzheit, die uns nun bloß vom andern Rande her zu begutachten gegeben ist. Freilich gabs und gibts Leute, denen Namen auch für jenes Wortlose zu Gebote stehn, aber nur solche Namen, die das Unnennbare daran unterstrichen, um daraus das Recht abzuleiten, mit ihren Wörtern wie mit Entiteten umzugehn: das sind die Metaphysiker insbesondere älteren Datums: Doch wie wäre es, wenn wir eben die Nebulosität derartiger Ausdrücke uns zu nutze machten für andersartigen Zweck: für Unterscheidungen praktischer und faktischer Erlebnisseiten an unseren inwendigen Menschen? Nämlich so, wie zweifellos nur des Gläubigen klassische Religionssprache uns über fromme Zustände am deutlichsten belehrt, so auch des Metaphysikers Redewendungen über gewisse Existenzweisen an unserm Erleben, die für die Ichpsychologie, wie Sterne am Tage, unsichtbar werden; der große Fromme, der große Philosoph sind gleichermaßen Ausdrucksmächtige um deswillen, daß sie, wie der Psychoanalytiker ja nur zu gut weiß, ihre heißesten Antriebe aus der narzißtischen Urmacht bewahrten. Sie können den Erforscher menschlicher Seele ebenso beschenken, wie es sogar, hie und da, aus gleichem Grunde, der Psychot tut.

Ein wenig hat es der Taufpate des Terminus, der Spiegelheld Narziß, auf dem Gewissen, wenn dabei zu einseitig die ichbeglückte Erotik allein herausblickt. Aber man bedenke, daß der Narkißos der Sage nicht vor künstlichem Spiegel steht, sondern vor dem der Natur: vielleicht nicht nur sich im Wasser erblickend, sondern auch sich als alles noch, und vielleicht hätte er sonst nicht davor verweilt, sondern wäre geflohen? Liegt nicht in der Tat über seinem Antlitz von jeher neben der Verzücktheit auch die Schwermut? Wie dies beides sich bindet in eins: Glück und Trauer, das sich selber Entwendete, das auf sich selbst Zurückgeworfene, Hingegebenheit und eigene Behauptung: das würde ganz zum Bild nur dem Poeten.

Daß auch Objektliebe auf Selbstliebe zurückgeht, daß davon tatsächlich jenes Akrobatenkunststück der Monere gilt, mit deren einziehbaren Scheingliedern Freud sie drastisch verglich, das ist psychoanalytisch nach allen Seiten hin aufschlußgebend und belehrend geworden. Wie in des heiligen Augustins: "ich liebte die Liebe", erscheinen jeweilige Objekte zutiefst als bloße Anlässe, einen Liebesüberschuß daran abzuladen, der auf uns selbst bezogen, und nur, sozusagen, nicht recht unterzubringen gewesen ist. Die Frage, wodurch wir überhaupt aus unserer Selbstliebe in Objektlibido hinausstoßen, wurde ja auch mehrfach von Freud im Sinne eines solchen überschüssigen Zuviel erörtert. Nun meine ich, eben dies "Allzuviele" daran ergibt sich aus dem Umstand, daß es bereits vom Hause aus, als Richtung des Verhaltens, unsere Ichgrenzen als solche nicht berücksichtigt, sondern übersteigt, nicht ihnen gilt, ja ihnen entgegen steht, was nur wieder bedeutet: es ist narzißtisch bedingt, d. h. in aller Selbstbehauptung zugleich Wiederauflösungswerk am Selbst. Sicherlich gibt es auch die ganz eigentliche, bewußt auf uns gerichtete Selbstliebe, die dann vom Ichvorteil, nicht von der Wollust her, ihre Befriedigung bezieht. Aber auch die echte Wollust wird, indem sie am Selbst sich ausläßt, von diesem Selbst für den forschenden Blick leicht überdeckt, und noch ihr Zuviel umfließt es scheinbar als ihren Mittelpunkt. Erst an der Objektbesetzung zeichnet sich die Libido ja als etwas für sich ab, in den Umrissen des Objekts wird sie uns deshalb erst libidinös umrissen. Dahinter aber liegt, nach wie vor, weit ausgebreitet das Land, daraus sie stammt, und was sich im

Vordergrund in der Einzelfigur des Objekts so groß davon abhebt, berückt uns nur, weil es diese Landestracht trägt.

Ich denke mir: die Freudsche "Sexualüberschätzung", das Bemühen, das Libidoobjekt zu erhöhen, mit allem Schönen und Wertvollen auszustaffieren, kommt von daher: sie sucht es ganz und gar zum würdigen, passenden Stellvertreter dessen zu machen, was, im Grunde immer noch allumfassend, sich schließlich daran ebenso schwer völlig anwenden, unterbringen läßt, wie innerhalb des Subjekt-Objekts selber. Letzten Endes steht jedes Objekt so stellvertretend, als – im streng psychoanalytischen Wortsinn verstanden – "Symbol" für sonst eben unausdrückbare Fülle des unbewußt damit Verbundenen. Libidinös geredet besitzt keine Objektbesetzung andere Realität als solche symbolische; der Lustbezug daraus gleicht durchaus dem, was Ferenczi einmal als "Wiederfindungslust" beschreibt: "die Tendenz, das Liebgewordene in allen Dingen der feindlichen Außenwelt wiederzufinden, ist wahrscheinlich auch die Quelle der

Symbolbildung". Fügen wir hinzu: damit auch die der Objektlibido als letztlich narzißtisch entspringender und gespeister. Die psychoanalytische Einsicht: daß auch spätere Liebesobjekte Übertragungen aus frühesten seien, gilt eben grundsätzlich: "Libidoobjekt" heißt Übertragensein aus noch ungeschiedener Subjekt-Objekteinheit in ein vereinzeltes Außenbild; und dieses ist damit genau so wenig in bloßer Vereinzelung gemeint, wie wir uns selber libidinös mit unsrer Einzelhaftigkeit bescheiden, wie wir vielmehr unsere Grenzen unwillkürlich darin zu übersehen, geringzuachten suchen.

Bekanntlich redet Freud von "Sexualüberschätzung" als von etwas, wobei unser Narzißmus ein wenig allzugründlich sein "Zuviel" an Libido ausgibt, woran er verarmt, leidet, um erst durch das Erfahren von Gegenliebe wieder frisch aufgefüllt zu werden. Dies kehrt sich jedenfalls am schärfsten hervor bei solcher Libido, die damit in zu schroffem Gegensatz gerät zum ichhaften Bemächtigungsbestreben, also bei männlich gearteter. Um ganz zu bemerken, wie gewißlich unser

Narzißmus gerade an seinen Sexualüberschätzungen, seiner Ich-Zurückdrängung sich auch bereichert und steigert, muß man ihn vielleicht insbesondere dort betrachten, wo er sich nicht so weit in den Ichbezirk hinein "vermännlichte", oder wo er, ehe das geschah, einen Rückschub erfuhr in das Infantilere, der ichbewußten Aggressivität ferner Bleibende. Man wolle nicht denken, daß damit die Libido des Weibtums mit ihrem von Freud geschilderten Umkipp (von der Klitorissexualität in die passiv gewendete der Vagina) überwichtig genommen werden soll: aber kommt bei ihr die Egoseite des Narzißmus wiederum zu kurz, so gestattet sie doch dafür unverkürzt den Einblick in die andere, sonst uns allzu abgekehrt verbleibende Seite seines Wesens. Die Wollust, sich selber zu überrennen, sich nicht als Ich im Wege zu stehen beim beseeligenden Wiedererleben noch ichfremden Urzustandes, erhöht sich daran unter Umständen masochistisch, sowohl den körperlichen Schmerz als auch die Situation der Demütigung bejahend. Dem Ich gegenüber also widerspruchsvoll, da: "die

Verkehrung der Aktivität in Passivität und Wendung gegen die eigene Person eigentlich niemals am ganzen Betrag der Triebregung vorgenommen wird". (Freud, Trieb und Triebschicksale.)

Eben dieses Paradoxon des Erlebens rückt jedoch erst voll ins Licht, inwiefern dem Narzißmus ein Doppelvollzug von Selbstbehauptung und von Schwelgen in noch Uneingegrenztem ur- und eigentümlich sei, wie Freud ja überdies zugibt, wir hatten: "allen Grund anzunehmen, daß auch Schmerz, wie andere Unlustempfindungen, auf die Sexualerregung übergreifen und einen lustvollen Zustand erzeugen, um deswillen man sich auch die Unlust des Schmerzes gefallen lassen kann" (wenn Freud auch am sekundären Charakter des Masochismus festhalten will, als einer Reaktion auf vorangegangene, hinterdrein gleichsam nach Sühneschmerz verlangende Übergriffe). Innerhalb weiblich gerichteter Libido meine ich übrigens etwas vom sexuellen Urausdruck nicht nur verdeutlicht zu sehen in der

Verschärfung zum masochistischen Zug, wo ja, ob auch negativ, das Ich als schmerzbedingendes, immerhin noch bedeutungsvoll mitwirkt; der Rückschub ins Passive gewährt überdies nämlich auch den erogenen Zonen dauernd ihren ursprünglichen Spielraum, als – gegenüber dem Vorstoß ins Aktive – dem Prinzip des Aufhaltenden, Verweilenden, also jener Zärtlichkeit, die hochgeeignet zur Beseelung, seelischen Verfeinerung der Leibesvorgänge, doch diese zugleich an ihre Kindergewohnheiten bindet; an infantile Erogenität des Gesamtleibes, an noch nicht punktuell einbezirkten Allkontakt sozusagen. Und endlich und nicht zum wenigsten, ist es der beharrende Überrest der Klitorissexualität selber, der, fürs Genitalziel überflüssig geworden, am Weibe sich an seinem infantilen Rückstand, sei es kindlicher oder kindischer, auslebt, bis – – ja vielleicht bis das Weib "das Kind" aus sich in die Welt hinausgeboren hat. Auf diesem Höhepunkt weiblicher Erfahrung aber, steht sie, die Erzeugerin, Ernährerin, Erzieherin des Kindes zugleich dem Wachstum ins Männliche nahe: ihrem Stück Aktivität, darin fast doppelgeschlechtlich ergänzt, und eben drum wieder ins Urnarzißtische zurückgerundet, wie es auf der ganzen Welt sich nur ermöglicht im Bild der Mutter, die, sich selbst fortgebend, sich selbst an der Brust hält. Entsprechend dem Penis-Neid des Weibes findet man deshalb nicht selten beim Mann jenes Sichselbst-Wiedergebärenwollen (das sowohl zu unterscheiden wäre vom Zurückwollen in die geliebte Mutter = Gebärerin, als auch vom "inzestuosen Sich-eigner-Vaterseinwollen"); nach einigen Beobachtungen, die mir vorliegen, glaube ich darin eine weiblich umgemodelte Klitoris-Betonung zu sehen, indem ja, nach infantiler Annahme von der Analerotik her, die Klitoris auch etwas vom Leibe Ablösbares (den "Lumpf" aus Freuds bekannter Kinderanalyse) bedeutet, wie es in mancher (natürlich nicht jeglicher) Schwangerschaftsphantasie männlicher Neurotiker sich ebenfalls Ausdruck schafft. Ich komme aber darauf, weil mir mehrfach auffiel, wie Mannbarwerden des Knaben zunächst als

Bedrängtwerden von Fremdem empfunden wurde: als vergewaltigendes Außer-einem, das man in sich hineinzwingen, sich einverleiben möchte zu Besitz statt Besessenheit; bevor das "Zuviel" der Libido auf die Abfuhr ans Objekt verfällt, macht sie in solchen Fällen sich bemerkbar fast gleich einer Schädigung der narzißtischen Selbstliebe, der Einheit von Libido und Ich: erst an der Objektbesetzung einen die beiden sich dann neu in der Gemeinsamkeit ihres Entzückens am Objekt.

So scheint nicht so sehr die Objektbesetzung, nicht die Sexualüberschätzung innerhalb ihrer, unserm Narzißmus gefährlich zu sein: wohl aber wird er seinerseits gefährlich dem Objekt der Libido; sein bleibendes Eingreifen verschuldet, daß es dabei diesem Objekt schließlich an den Kragen geht. Denn von vornherein nur zu einer Art von Stellvertreterschaft zugelassen, verflüchtigt es sich in seiner realen Beschaffenheit nur um so mehr und mehr, je gefeierter es auftritt. Die typischen Liebesenttäuschungen haben ihren letzten Grund, ihren unabwendbaren hierin: nicht erst im Nachlassen der Liebe durch die Zeit oder durch enttäuschende Einsichten, denn, ganz abgesehen von diesem beiden hat das Objekt ja ganz eigentlich mit seinem Leibe dafür zu haften, daß es weit mehr als Leibhaftigkeit sei, und mit seinem, scheinbar doch erkorenen, auserwählten, Sonderwesen dafür, daß es im Grunde Allwesenheit sei. Je weiter Liebesekstase sich versteigt, ihr Objekt stets üppiger, ohne zu sparen, bereichernd, desto dünner, unterernährter bleibt das Objekt hinter seiner Symbolität zurück; je heißer unsere Schwärmerei, desto abkühlender diese Verwechslung, bis, auf richtiger Höhe, sich Brand und Frost fast identisch anfühlen (was das Schicksal der glücklichen Liebe fast unangenehmer als das der unglücklichen, der den Partner kühl lassenden aber selber schön warmbleibenden, machen kann). Auch hinter der reifgewordenen Genitallibido, die es mit den Realitäten am ernstesten nimmt, wächst dies symbolisierende Verfahren, das auch im Genitalen dennoch nur die narzißtischen

Identifizierungen durchsetzen will: die keiner Objektbrücken im einzelnen bedürfen, über alles sich erstreckend aber auch nichts außer sich gelten lassend.

An der Objektlibido findet sich so manches, was ihr zugeschrieben wird, während mir scheint, daß es unter Umgehung ihrer, sich ziemlich direkt vom Narzißmus herleitet und nur in den eifrigen Symbolbildungen sich mit ihr zusammenfindet. Dazu gehört großenteils, was man Freundschaft zwischen verschiedenen Geschlechtern nennt. Bei der ungemein populären Diskussion dieses Themas beobachtete ich oft, wie sonderbar stark selbst unbefangen denkende Leute sich dagegen wehren, in Freundschaft nur eine Noch-nicht-, oder Schon-nicht-mehr-Liebe zu sehen, oder aber eine mit ihrer eigenen Verdrängung kämpfende. Meinem Eindruck nach liegt dies daran, daß im Freundschaftsbündnis allerdings Sexualanteile genug stecken, häufig jedoch solche, die ursprünglich nicht dem Partner zukommen, sondern sich dem Bunde mit ihm beigesellten von anderwärts: nämlich aus

Aufarbeitungen vom Narzißtischen her, in Sublimierungen aus Infantilismen. Die Empfindung gewisser Nichtsexualität dem Freunde gegenüber bestünde damit zu Recht; nicht in gegenseitiger Erotik, sondern in etwas Drittem wurzelte sie: gleichviel, ob sie erwüchse aus noch immer infantilen Interessen oder erblühte zu hochvergeistigtesten, gleichviel ob die Freunde nun eins in Gott sein mögen, oder auch nur beim Sammeln oder Angeln. Das Wesentliche bleibt, daß, wie geliebt und anerkannt auch immer, der Freund letztlich gewertet, ja verklärt gewissermaßen, sei, er es doch erst von diesem Dritten aus wird, das im übrigen sogar fester zu binden imstande ist als Personalerotik, da, abgelenkt vom Sexualziel der Leibesbesitznahme, dafür unserer so aufgearbeiteten Libido gleichsam sich alles zu Besitz bietet, worauf sie nur irgend verfällt; in Sublimierung ihrer allerältesten autoerotischen Praxis kommt sie sozusagen zu einer geselligen Selbst- und Weltverwechslung à deux. Gut verarbeitetem und dadurch – außerhalb der Genitallibido – entwicklungsfröhlichem

Narzißmus ist eben breiteste Umfassung freigegeben, zum Entgelt für die genitallibidinöse Enge sonstiger Partnerumarmung.

Man könnte ja den schlechten Witz machen: unserm alten Autoerotismus, einstmals übers ganze Kinderkörperchen verteilt, gelänge es in den Sublimationsanstrengungen einfach, uns allmählich aus den Gliedern zu Kopfe zu steigen, als recht eigentlicher "Verlegung von unten nach oben". Von diesem Sprungbrett nun aber, gelingt ihm jener gewaltige Absprung erst, der die Bedeutung der Libido fürs kulturelle Leben überhaupt erneut, der Sprung vom leibhaft Libidobetonten in die Welt sachlicher Betonungen, von infantilster Selbstbezogenheit mitten hinein ins Außen-gegenüber. Dies Außen nicht symbolistisch verbrämend, sondern sachlich begutachtend, es real nutzend. Dadurch, daß es immer wieder noch unser Narzißmus selbst ist, woraus – im Normalfall und in idealer Konsequenz – auch noch die geistigsten, weitumspannendsten Aufarbeitungen sich ergeben, bekommt er, der Leibentsprungene, nun neuerdings, auf neue Weise, doch wieder Realboden unter die Füße: Sachlichkeit ist das gloriose menschliche Ziel, das dem Narzißmus endlich im Dienst von Forschung oder Fortschritt, Kunst oder Kultur, als verwandelter Eros zuwinkt wie aus Träumen der Kindheit. Wo er in kindischen Träumen stecken blieb, wo sein großer Sprung zu kurz ausfiel, da entgleist er auch an sich selbst ins Pathologische, Bodenlose.

Was bedeutet nun im Grunde dieser Überschätzungsdrang, der das Objekt aus seiner Einzelheit und Wirklichkeit ins symbolisch Gewertete und Gültige rückt, und der, im Parallelvorgang dazu, den narzißtischen Urtrieb sich in Sublimationen hinaufarbeiten läßt? Beides beruht wohl darauf, daß der bewußtgewordene Mensch sich, je länger je mehr, genötigt sieht, mit seinen infantilen Identifikationsmethoden stets indirekter zu verfahren, d. h. also: sich ihre Undurchführbarkeit stets gleichnishafter zu verhehlen. Das ermöglicht er durch Wertübersteigerung des stellvertretenden

Stücks: im Wertüberschuß wird es gleichsam wieder zum Inbegriff selber, ersetzt diesen im Geist. Der narzißtische Libidobetrag, der damit darin stecken bleibt, besticht erfolgreich das der Realität immer angepaßtere Urteil, schließt mit diesem einen Vermittlungspakt, wonach recht eigentlich "Wert" symbolisch für Inbegriff, für "Ein und Alles" steht. Wertproblem überhaupt ist immer und jedesmal Libidoproblem: lediglich durch Anleihe beim libidinösen Zustand enthebt irgendwas sich der Begrenztheit, Aufeinanderbezogenheit des Übrigen. Alles Werten strebt dem Überschätzen entgegen und hinweg aus der Relativität des Einzelngeltenden: es langt, verlangt unabwendbar nach Überzeugtsein durch Glauben (jenem Glauben, bei dem "kein Ding unmöglich" ist, sogar nicht die Wiederanknüpfung infantilsten Urtraums an sachlichste Welterfahrung; mag auch dabei unser sich sublimierender Narzißmus, dieser idealisierende Streber, uns dabei einigermaßen ähnlich werden lassen ewigen Toggenburgern, die ihren Liebesgegenstand um so reichlicher anhimmeln, als sich ihre reale Vermählung mit ihm unvollziehbarer erweist).

Mit wie vielen Beweisen und Begründungen wir auch vorzugehen pflegen, nie gelingt darin Überzeugendes ohne heimlich-persönlichsten Anschluß an die narzißtische Forderung in uns; und wiederum: ist sie genehmigt, dann gelänge es keiner Gegenmacht, uns um-zuüberzeugen: versicherten wir noch so bescheiden, es ergäbe sich dadurch wohl nur eine subjektiv-gültige Bewertung, wir wissen sie trotzdem als end- und allgültig, so gewiß unser Narzißmus selbst nichts weiter ist, als das im Gefühlserlebnis noch dunkel festgehaltene Wissen um unser Subjektivstes als unsere objektive Anschlußstelle. Von aller Metaphysik, sofern sie das "Sein" mit "Gott" als absolutem Wertprinzip in Übereinstimmung zu bringen trachtet, gilt darum, daß sie nicht nur in ihrer Denkungsweise narzißtisch mitbedingt, sondern an sich das philosophisch aufgearbeitete Abbild des Bundes von Narzißmus und Sachlichkeit ist. Am unmittelbarsten vielleicht tritt dieser doppelte Sachverhalt hervor in der Frage nach dem Lebenswert, der nur durch ihn, erst durch ihn, zur Frage wird, indem es hier um den Narzißmuswert selber geht, ob auch das Urteil darüber sich ergehen mag wie über ein sachlich gegenüberstellbares Objekt. Im Lebensrausch als solchem – wovon ja dem Gesunden hilfreich was in Blut und Hirn kreist – also im narzißtisch hinter allem weiterbeharrenden Rausch, behält ewig der Optimist recht; bei Absehen von dieser innern "unsachlichen" Voraussetzung der Pessimist, d. h. der libidolos, "lieblos" Urteilende, nur eben unrecht hinsichtlich des Lebensträgers, des allein und eigentlich Lebendigen!

Wo das Narzißtische im Menschen zu stark übergreift, da bringt seine Allzu-Zuversichtlichkeit trotz ihrer lebensweckenden Kräfte ihn in peinlichen Anprall an die Außenrealität; wo es dagegen zu geschwächt dem realgerichteten Urteil unterliegt, da bringen selbst dessen beste, glücklichste Erfolge keinen wirklichen Frohmut zustande. Darum gleicht sich dem sogenannten Normalen das Dasein ungefähr aus zwischen diesen beiden Richtungen, die gleichsam andeutungsweise, innerhalb der Normalität, etwas vom "Manischen" und etwas vom "Melancholischen" enthalten; auch normalerweise schon übertreibt sich der Tatbestand beidemale fälschend – und sagt damit dennoch mehr aus, als die gemäßigtesten Zustände tun, wenn sie sich sehr weit von "Haß wie Liebe" entfernen: dermaßen ist "Leben" total nur in seinen Überschätzungen nach beiden Seiten, in seinen zu absoluten Wertabschätzungen, in etwas über alles Stückhafte hinaus, wahrhaft, als "Leben" vorhanden.

Aber das narzißtisch bedingte Werten wird erst Problem, wird auch erst Leistung, recht eigentlich da, wo "wertvoll" und "libidobesetzt", nicht so unmittelbar in eins fallen wie in der Frage nach dem Lebenswert selber: wo, statt dessen, die Wertgebung voraussetzt, daß, um sie zu vollziehen, wenigstens das Infantilste der Stellungnahme dazu aufgegeben, umgestellt sei. Mit anderen Worten: wo der symbolisierende

Idealisierungsakt am Objekt schon begleitet ist vom sublimierend aufarbeitenden Akt am Trieb selber (scharf zu unterscheidende Vorgänge, die zu verwechseln Freud mit Recht gewarnt hat). Es ist außerordentlich interessant, daß vom Narzißmus her nicht nur des Objekts, sondern auch des Subjekts Aufstieg ins immer "wertvoller" Aufgearbeitete möglich ist, was Freuds Wort vom Narzißmus als "Keimpunkt des Idealbildens" schon früh ("Z. E. d. Narz.") festlegte. Dieser Punkt wird wesentlich, sobald unser Selbstbildnis infolge von Realerfahrungen daran, uns zu enttäuschen beginnt: "Unserm Ideal-Ich gilt nun die Selbstliebe, welche in der Kindheit das wirkliche Ich genoß" (Freud, ebenda). Weil hiefür aber auf die Dauer unsere infantile Wunschpraktik nicht ausreicht, nachdem das Weltgegenüber immer sachlichere Maßstäbe an uns legt, so entsteht damit eine Nötigung zu gewissen Rangordnungen in uns, zu Stufungen, Gliederungen auch in unserer Triebwelt. Unser Ebenbild, hineingewünscht ins Ideale, wirkt mit dessen Dimensionen auf uns zurück, manche

Züge unterstreichend, andere ausradierend; noch fühlen wir uns schön und groß, ja erst recht groß, aber doch nur, sofern wir uns auch, in den abweichenden Zügen, auch klein oder zu häßlich finden, uns mißschätzen können, angesichts des Idealbildes, das wir sind und doch nicht in all und jedem sind.

Diese Rückwirkung auf uns, vom narzißtischen Geformten nun ideal, religiös, ethisch oder wie immer, soll man ja nicht gering anschlagen. Es bleibt wesentlich selbst nach Abzug dessen, was bei seiner Bildung von fremden und Außenfaktoren in Betracht kam: einmal den Geboten und Verboten unserer Erzieher, unserer Umwelt, dem feineren oder gröberen Drill; sodann jenes Quantums Objektlibido, die uns an die pflegenden und bevormundenden Personen bindet und sie selbst zu nachahmenswertesten Symbolen aller Idealwerte umschafft. Dennoch sind wir bei alledem auch von uns aufs Stärkste beteiligt: wie der Narzißmus innerhalb der Objektlibido das Personelle symbolisch hochzutreiben weiß, wie er sich in immer sachlich weiterfassenden, geisthaftern, abstraktern

Zusammenhängen noch durchsetzt, so kommt er auch von sich aus zu letzter Wertautonomie. Sagt ihm am frühesten sein Gefühl, heiß wünschend: "Leben schon gleich Wert!" so vollendet sich das reifste in einem fordernden: "Nur Wert allein wahrhaft Leben", und auch noch diese absolut sich gebärdende, über das Sein gesetzte Wert-Überwertung (die doch um des Seins halber überhaupt erst anhob), dieses Ethische in Reinkultur, auch das ist noch als Höchstleistung unseres Narzißmus zu buchen.

Mir erscheint dieser Umstand um so bedeutsamer, als er klarlegt, von wie tief her psychoanalytische Einsicht in die ethischen Unter- und Beweggründe dringt: Freuds Ausspruch vom "narzißtischen Keimpunkt des Idealbildens" rückt ebenso weit ab von metaphysischen Notbehelfen bei Betrachtung psychologischer Tatbestände, wie von jener rationalistischen Einstellung, die überall auf Außeneinflüsse zurückgeht (Nutzen oder Zwang unter nachfolgender Sanktion). Mit Freud reicht die Frage so tief, als der Mensch Menschlichem zu folgen imstande ist: ins Ursprünglichste seiner selbst, dorthin, wo er seiner selbst bewußt wurde und diese Vereinzelung wiederzuergänzen sucht, noch entgegen der eigenen Triebgewalt in Gehorsam oder Liebe, um auf solchem Umweg das Urerlebnis der Allteilhaftigkeit wiedererneuen zu können. Würde das immer schärfer unterschiedenere Ich sich überrennen lassen vom Durcheinanderlaufen der Triebe, so bliebe es auf ein gewaltsames Infantilisieren beschränkt, dem die Außenwelt verloren geht, ohne daß der Urzustand des ihrer noch unbewußten Kindes wiederherstellbar wäre. Freilich ist ja die Ineins-Setzung unserer selbst mit Höchstwerten einerseits ebenfalls eine phantasierte Wirklichkeit, ob wir ihr noch so sehr nachstreben: anderseits aber verbürgt gerade dies Unbedingte daran, wie ganz aus unserm Wesen gebürtig sein muß, was wir mit so großer Gebärde gutheißen. Und in der Tat: wir sind es ja, die sich selbst enttäuschen oder mißfallen, der Gemaßregelte mit dem von seinem Idealwert ganz Benommenen bleiben untrennbar eins in uns, deshalb der narzißtische Liebesquell unentleert (weshalb auch neurotisch der an sich schier Verzweifelnde und der sich nahezu gottgleich Wähnende so verblüffend dicht beieinander stehen).

Insofern bildet alle echte Ethik, alle ethische Autonomie, zweifellos ein Kompromiß zwischen Befehl und Begehr, während sie gerade das am prinzipiellsten zu vermeiden sucht: das Begehrte macht sie zwar unerreichlich, durch die Idealstrenge des geforderten Wertes, dafür aber bezieht sie das Befohlene tief ein in den Urtraum allesumfassenden, allesuntergründenden Seins. Dieser Kompromißcharakter verrät sich deutlich auch noch an den starrsten Wertsetzungen – ja gerade an denen – den unterirdischen Zusammenhängen von Gesolltem und Gewünschtem, oder, anders benamst: von Ethik und Religion. Kann keine Religion ein irgendwie ethisch gültiges Moment entbehren (d. h.: daß das Kind zum Vater aufblicke), so ebenso gewißlich keine ethische Selbstbezwingung ein Moment der Mutterwärme, die sie darüber hinaus umfängt. Alles, was wir "sublimieren" nennen, beruht einfach auf dieser Möglichkeit, auch noch Abstraktestem, Unpersönlichstem gegenüber etwas wahren zu können, von der letzten Intimität libidinösen Verhaltens; nichts als dies ermöglicht den Vorgang, wobei: "die sexuelle Energie – ganz oder zum großen Teil – von der sexuellen Verwendung abgelenkt und anderen Zwecken zugeführt wird" (Freud, Drei Abh. z. Sexth.). Im religiösen Erlebnis, im "fromm" gerichteten Menschen, schießt früheste, elterngebundene Objektlibido in die narzißtische Strömung mit hinein, und schafft damit eine rechte Glanzleistung des Narzißmus: indem nun beide gemeinsam münden im Gotteswert, als dem zugleich Allesbeherrschenden und Allerintimsten. Was dem Objekt der Libido sonst so übel bekam: das Sichverflüchtigen des Personellen in immer stellvertretendere Symbolik, eben das bringt es am Gotteswert zum Meisterstück, nämlich dermaßen zum Symbol aller Liebessymbole, daß Gott sich daran verpersönlicht.

So muß denn das, was zuinnerst des Religiösen wirksam ist – die Richtung auf ein vertrauensvoll idealisierendes Narzißtisches – auch den von üblichen Glaubensvorstellungen Gelösten in seinen Sublimationsbestrebungen orientieren, sollen sie ihn nicht in eine Entfremdung zu sich selber geraten lassen. Soll er nicht, dem ihm Wertvollsten hingegeben, es nicht zugleich hoch über ihn hinwegfliegen sehen, ihn nur gerade so weit mit emporreißend, daß er beschämt und entrüstet auf sein flügellahmes Selbst heruntersieht, kurz, daß er statt des beabsichtigten Fluges in Gewissensängste, Schuldgefühle niedersinkt. In ernsthaftester Weise ist Freuds Warnung zu beachten: sich über gegebenes Vermögen an Sublimationen zu "übernehmen", heiße nicht Vollkommenheit, sondern Neurose vorbereiten. Aber wieder stoßen wir dabei darauf, wie tief und nüchtern Freud sich psychoanalytisch die Ethikprobleme auch hinsichtlich des Schuldbewußtseins erschließt: wie – wiederum sowohl abseits von metaphysisch als auch von äußerlich (utilitaristisch) vorgenommenen Lösungen – die Frage sich ihm dahin beantwortet, daß unser narzißtischer Größenwahnrest auch noch dem ethischen Ehrgeiz, dem Aufwärts- und Vorwärtstreiben des real angepaßten Ich, zugrundeliegt, wobei dann am Wege verachtet zurückbleibt, was der anstrengenden Gangart nicht gleich folgen kann. Bis der Mensch "sich" nur noch von demjenigen aus ansieht, was er allein als Sein wertet, ohne es doch sein zu können, und deshalb seine eigene Beschaffenheit zu verdrängen, zu verleugnen suchen muß, ohne von ihr doch frei zu werden. Verhältnismäßig harmlos erweist solcher Vorgang sich noch beim Strafe befürchtenden "Drill", ja sogar noch beim Gehorsam aus objektbesetzender Liebe, die sich nicht genug tat: rührt er jedoch bis an den narzißtischen Urgrund der ethischen Phänomene, dann ist Schuldbewußtsein, Reue bereits nur noch Name für Erkrankung.

Darum sind wohl alle Neurosen immer auch Schuldneurosen, und immer unter dem Kennzeichen, daß der Mensch aus der instinktsicheren Gesundheit seiner Selbstachtung sich hinausgedrängt fühlt, trotzdem er als Neurotiker gar nicht der Typus des "Begehrenden", sondern der des empfindlich reagierenden Gewissens zu sein pflegt, und eben deshalb die rumorenden Wünsche überängstlich hinter Schloß und Riegel hält. Eine Vertiefung dieses Zwiespalts bis zum Bruch ist es, wenn im Gegensatz dazu der Psychot das Gewissen außer Spiel gesetzt sieht, triebhemmungslos wird, und wohl nur da und nur dann bloßer Phantasieverbrecher bleibt, sofern er schon zu negativistisch von der Realwelt abgekehrt steht um handelnd in sie einzugreifen. Weshalb ja auch das neurotische Pathos in ihm zu ironisierendem Tonfall umschlagen kann, worin sein Ich, gleichsam schon unbeteiligter, machtloser Zuschauer, noch seine Kritik zum besten gibt, nachdem es seinerseits dem Ausschluß, der Verdrängung verfiel, sich desorganisierte und dadurch an Stelle der ihm gegenübergesetzten Realwelt die Technik der primitivsten narzißtischen Wunschproduktion in

Wahnbildern am Werk sehen muß. (Traumtechnik des Gesunden.)

Ich gerate auf diese scheinbare Abschweifung aber deshalb, weil mir vorkommen will, als gäbe es ein Analogon für "neurotisch" und "psychotisch" auf dem Gebiet der Ethik für den Normalzustand. Nämlich außer Schuldgefühlen, bezogen auf das Ich, seine Mängel und Taten, auch noch ein ähnliches Enttäuschungsgefühl an Leben und Welt, wobei wir uns aber mitschuldig fühlen, dem wir also nicht pharisäisch oder bettelnd als etwas anderes gegenüberstehen, sondern wobei wir verletzt sind an einer narzißtisch überlebenden Urverbundenheit. Natürlich drückt dies das Infantilere aus im Vergleich zum ichgerichteten Gewissen, das ums eigene Spezialseelenheil Sorge trägt, es kann aber daneben weiterbeharren. Ich entsinne mich aus meiner Kindheit und von noch später her eines grotesken Herzwehs über enttäuschende Mängel anderer, die mich weit mehr "ethisch" grämten als die eigenen Mängel: denn was konnte es nützen, vollkommener zu werden, wenn es nicht um das Ganze der Welt, und nur darum auch mich mit einbegriffen, derartig vollkommen bestellt war? Entzücken und Dankbarkeit riß mich hin, wo etwas solchen Glauben zu bewahrheiten schien, und enthob mich damit betrüblich rasch jeder persönlichen Gewissenssorge, welche Figur denn ich mitten drin machen würde. So viel Kindisches das auch ausdrückt, so liegt doch fraglos eine Spur Ironie in dem Umstand, daß der Andere, Gewissenhafte, der von seiner Selbstsucht am ethischesten loskommen Wollende, am eifrigsten und ständigsten mit sich beschäftigt bleiben muß, sich weder in Herzweh noch Herzenslust völlig vergessen darf. Deshalb sind auch noch bei der ethischen Einstellung zweierlei Verhaltungsweisen unterscheidbar: die eine vorwiegend von den Wertanforderungen des Ichbewußtseins aus und das Ich strebend im Mittelpunkt haltend, die andere von den alten Identifizierungskünsten des Narzißmus aus, aber gleichfalls aufgearbeitet in ethisch gerichtete Wunschträume. Dies jedoch dient aus einem bestimmten Grunde einer wichtigen Seite der Sache: denn offenbar entnimmt ja alle Ethik ihren Hauptcharakter, eben ihre Unbedingtheit, Absolutheit, Allgültigkeit dem narzißtischen Urzuschuß, der so sehr für alles Übermäßige zu haben ist, und "ethisiert" uns erst an diesem fragwürdigen Material. So kommt es zu Wechselwirkungen von beiden, deren Paradoxie, näher betrachtet, schwer überboten werden könnte. Gibt es doch keine Askese oder Gesetzesstrenge, kein endgültiges Verachten des Realen, das nicht nach dem narzißtischen Helfershelfer dabei riefe, erst er, der begehrliche, wunschdreiste, lehrt uns auch das: "geh an der Welt vorüber, es ist nichts." Und anderseits: eben die absolut gerichtete Ethik bedarf der ganzen Fülle des Möglichen und Wirklichen, muß allen Sonderfällen des Geschehens gerecht werden, alle Aufeinanderbezogenheiten berücksichtigen, denn um der Menschen und ihres Heils- und Glückstraums willen ist sie da, vom kindlichselbstischen bis sublimen Egoismus des

Himmelsstürmers und Gottsuchers. Dies Wesen der ethischen Praktik, die ihre Unbedingtheit narzißtisch bedingt, sowie wiederum diese strenge, hoheitsvolle Wertmiene des ethisch verwendeten Narzißmus, ergeben einen derartigen Knäuel von Widersprüchen von Fall zu Fall, daß man ruhig behaupten kann: nur rein schematisch verfuhr, wer jemals, über den Einzelfall hinaus, diese lebenstrotzende Wirrnis in glattem Faden aufwickelte.

Nun kann ich aber dies Thema nicht abbrechen, ohne eines hinzugesetzt zu haben: nämlich wie sehr eben dies meine ganze Hochachtung und Ehrfurcht vor dem Phänomen des "Ethischen" im Menschen geradezu ausmacht. Denn erst dadurch erhebt es sich zu den schöpferischen Betätigungen, ungeachtet es auf Gesetz und Regel und Soll ausgeht. Ja durch die Reibung innerhalb solchen Widerspruchs – durch die Unbedingtheit, die dennoch sich lediglich durchzusetzen vermag "von Fall zu Fall", d. h. im lebendigen Vollzuge allein – wird es die schöpferische Tätigkeit par excellence, vollziehend das, was "nie und nirgends sich begeben". Ethik: sich erst voll ausweisend im vorschriftsmäßig am wenigsten zu Schlichtenden, im Durcheinandersichkreuzen der Gebote und Verbote, erst damit wahrhaft autonom das Gültige zum Erlebnis hebend. Begreiflicherweise bleibt Vorschrift, Gesetz, das prinzipiell betonteste da, wo heimliche Wunschzutaten abgewehrt werden sollen, trotzdem aber ist in irgend einem Sinne "Ethik" auch immer zugleich das Unvorgeschriebene, schlechthin Gedichtete, d. h. trägt in all ihrem Tateifer wie ihrem Werk zugleich das Stigma des Verträumten, woraus Dichtertat sich zum Werke formt. Nur, leistet der Dichter "träumend", so handelt in die Praxis hinein der ethisch gerichtete Mensch: wagt seinen Traum an Realität, Drangsal, Erfahrung, an den Anprall aller Zufälle und Wirrnisse. Darin liegt die Würde des Bruchstückhaften, nie Vollendeten, was ihm allenfalls gelingt, verglichen mit künstlerischer Werkrundung, deren Abseits er nicht ertrüge, die er sprengt, um sie nochmals und nochmals aufs Spiel zu setzen. Ethik ist

Wagnis, das äußerste Wagestück des Narzißmus, seine sublimste Keckheit, sein vorbildliches Abenteuer, der Ausbruch seines letzten Mutes und Übermutes ans Leben.

Bei dem, was Kunst genannt wird, künstlerisches Schaffen, oder sagen wir allgemeiner: poetisch anstatt praktisch gerichtete Betätigung, braucht man die narzißtische Kinderstube nicht erst an Restbeständen daraus aufzuspüren wie bei Objektbesetzungen oder Wertsetzungen: unmittelbar nimmt es immer wieder von dorther den Ausgang, auf eigenem Pfad, verfährt bis in alle letzten Ziele, narzißtisch "wertend" und "besetzend". Die gleiche Methode stünde uns allen auch lebenslänglich, jeglichen Augenblick und bei jedem Eindruck zu Gebote, würden wir uns durch unsere logisch-praktische Anpassung an die Ich- und Realwelt nicht ihrer so grundsätzlich entledigen, daß wir meistens nur erinnernd dorthin zurückkönnen, wo Innen-Erlebnis und Außen-Vorfall noch ungetrennt für dasselbe Geschehen stehen. Für dies Erinnern gilt darum etwas anderes als fürs Gedächtnis, wovon

Freud vermerkt, es scheine: "ganz am Bewußtsein zu hängen, und ist scharf von den Erinnerungsspuren zu scheiden, in denen sich die Erlebnisse des Unbewußten fixieren" (aus "Das Unbewußte"); denn diese sind im Bereich wirkender "Sachvorstellungen", nicht davon abgezogener "Wortvorstellungen" (Freud) zu denken, dieser bloßen Verständigungskonventionen, deren wir uns gedächtnismäßig bemächtigen.

Äußerste Exaktheit, Triumph besten Gedächtnisses, kann so in umgekehrtes Verhältnis geraten zu Erinnerungsklarheit, die, in lebendigem Zusammenhang der Eindrücke wirksam, gleichsam nur an Leben entlang sich ins Bewußtsein hebt: Gedächtnis haben wir, Erinnerung sind wir. Das allein ist der Grund des unkünstlerischen bloßen "Abbildes", und gilt darum weder für Kinder noch für Primitive, sofern sie Reales noch phantastisch, Phantasiertes als real nehmen können. Am schönsten kennzeichnet die vorgetäuschte Bewegung des Films den Gegensatz zu Erinnerungsbewegtem: man könnte sich sogar denken, daß derartige, dem Gedächtnis allzu tadellos nachhelfende Vergegenwärtigungen von Vergangenem, Erinnerung auf tödliche Weise beeinflussen würden, sie desorganisierend, zersetzend in ihrer grundliegenden Totalität. Gewissermaßen ist ja Erinnerung ein nie nur "praktischer", immer auch schon "poetischer" Vollzug: sie ist damit sozusagen das einem jeden von uns aufbewahrte Stück Dichtertum, Ergebnis zugleich Distanz schaffender, bewußte Überschau ermöglichender Vergangenheit, und ewig-erneuter Aktualität und Affektivität, auch wo sich beides nicht so formend zusammentut wie im Werk des Poeten. Poesie ist Weiterführung dessen, was das Kind noch lebte und was es dem Heranwachsenden opfern mußte für seine Daseinspraxis: Poesie ist perfektgewordene Erinnerung.

Nun gibt es nichts, was tiefer in Kindheitseindrücke zurückbrächte, als aufgehobene Verdrängungen und nichts strebt von sich aus heftiger nach solcher erinnernder Befreiung als das kindliche, noch so ganz von Geboten und Verboten der

Erwachsenen umstellte Leben. An die infantilen Verdrängungen schließen die spätern sich an – bilden damit den "Schatz von Erinnerungsspuren, welche der bewußten Verfügung entzogen sind, und die nun mit assoziativer Bindung das an sich ziehen, worauf vom Bewußtsein her die abstoßenden Kräfte der Verdrängung wirken. Ohne infantile Amnesie, kann man sagen, gäbe es keine hysterische Amnesie" (Freud, Drei Abh. z. Sexth.). Schon früh, in seiner Studie über "die Dichter und das Phantasieren", faßte Freud daher Kunst auf als Spezifikum gegen Verdrängungsgifte, und welche Erweiterungen seine Arbeit über den Gegenstand auch seither durch ihn erfuhr: dieser Hauptpunkt bleibt derselbe, wenn er auch den Unwillen der Künstler erregt infolge meist zu flacher Auslegung. Man achtet nämlich zu häufig nur darauf, daß die Kunst Wunscherfüllungen gewährleistet, die sonst gar nicht oder nur strafbar oder endlich krankhaft sich durchsetzen, man übersieht aber darüber die ganze Tragweite der Freudschen Unterscheidung von "bewußtem" und "unbewußtem"

Wunschziel. Niemand bedarf weniger der Erfüllung von Personalwünschen wie der Künstler. Niemand bleibt weniger in ihnen stecken, ja niemand kommt von vornherein, eben als Schaffender, von Erfüllungen her, statt ihnen nur nachzujagen.

Durch zeitweiliges Zurückgenommensein in ursprünglicheren Zusammenschluß dessen, was sich uns sonst nur in Subjekt und Objekt spaltet, ist er seinem Einzelsinn und Privatsein im Schaffen enthobener als sonst irgendwo: ja eben dies allein gestattet und ermöglicht ihm die Aufhebung des Verdrängenden, eben dies erst gibt ja seinen Regungen eine Freiheit wieder, wie wenn sie "ich-gerecht" im Sinn der Bewußtseinszensur wären (vgl. Freud: "das Unbewußte wird für diese eine Konstellation ich-gerecht, ohne daß sonst an seiner Verdrängung etwas abgeändert würde. Der Erfolg des Unbewußten ist an dieser Kooperation unverkennbar; die verstärkten Strebungen benehmen sich doch anders als die normalen, sie befähigen zu besonders vollkommener Leistung"). Dafür ist maßgebend, daß nicht auf unser

Individual-Ich, wie es sich bewußt auf sich selbst bezieht, dabei zurückgegangen sei, sondern auf jene noch Allen gemeinsame Grundlage, auf Aller Wesenskindheit, wie sich auch der künstlerische Mitgenuß hierauf nur gründen kann. Ohne es zu wollen, hat so der Künstler sein Publikum in sich, bei sich, und nur um so mehr, je vollständiger er davon abzusehen pflegt, aufgebraucht vom Schaffensvorgang selber. Wird es – meines Erachtens – beim ethischen Verhalten auffallend, wie sehr das Allgemeingültige letztlich sich "ethisch" doch nur durchführen läßt von "Fall zu Fall", in solchem scheinbaren Selbstwiderspruch gerade seine eigentliche schöpferische Bedeutung erst offenbarend, so überrascht am allerpersönlichsten Erfaßtsein des Künstlers, wie sehr, wie ganz es immer schon das Allgemeine mit umfaßt, um erst daran wirklich, Werk, zu werden. Hier erschließt sich das anscheinend Subjektivste als Anschlußstelle des objektiv Gültigsten. Dazu stimmt die Erfahrung, daß schaffendes Verhalten, je leichter, sieghafter es sich durchsetzt, in desto rücksichtsloseren Gegensatz oft tritt zum, körperlich oder seelisch bestimmten, sonstigen Personalzustand: darin tatsächlich der Leibesfrucht ähnlich, deren Wachstum zu Verlagerungen, Bedrängnissen im übrigen Organismus führt oder Muttergift durch seine Adern kreisen läßt. Nicht selten erwacht der Künstler aus seiner Benommenheit wie aus einer zwangshaften, mit dem Gefühl von Befreiung, nun wieder an Beliebiges denken zu dürfen, sich in personell oder sachlich Wünschbarem ungehindert gehen zu lassen. Wobei er sich dann freilich oft mitverwandelt fühlt durch das Vorhergehende: als habe vieles sich erledigt, was vorher am stärksten beschäftigte, als seien Umwertungen eingetreten, die zuvor Unmerkliches neu betonen, Altes verjüngen, Junges vergreisen ließen.

Interessant studiert es sich am Geschlechtlichen: wie durchaus es mit seinen Hauptkomplexen im Schaffensmittelpunkt stehen bleibt, an der Konzeption zutiefst damit beteiligt, und dennoch nur soweit, als es aufgearbeitet wurde ins – gleichsam

– Privatwollustfreie, d. h. als der Zentralpunkt sich total aus dem personalen Umkreis verschob. Wo dies auch nur im geringsten mißlang, bedeutet die persönlich erstrebte Phantasiewunscherfüllung sofort das Versagen im Schöpferischen. Denn wohl bedarf der Künstler der Regression bis ins Infantilste und damit am leiblichsten Beeinflußte, aber auch nur er verhält sich auch hiezu "schaffend". Der Anteil des Eros an Geistschöpferischem – wie stark der Hinweis darauf auch Freud verübelt wird – gehört wohl zu den ältesten Erkenntnissen, und im Grunde sollte doch ebenfalls selbstverständlich sein, daß dafür nur die Anteile daran in Betracht kommen, die wir nicht geradenwegs zum Normalziel abführen, sondern diesem Ziel entgegen, also infantil erhalten. Aber schöpferisch bedeutsam werden sie wiederum erst unter Beihilfe von Verdrängung: nur daß sie sich, anstatt aufs "Desinfantilisieren" und "Genitalisieren", auf ein Entleiblichen des ursprünglich kindlich Polymorphen bezieht. Man möchte sagen: künstlerisches Schaffen enthülst gewissermaßen aus dem Leibhaften den fruchtbaren Kern, der sich im Werk dann allseitig auswächst. Mit E. Jones' Wort (aus der vorzüglichen Studie: "Die Empfängnis Mariae durch das Ohr", Jahrbuch IV) gesagt, liegt im Künstlerischen: "die Reaktion gegen die Geschlechtlichkeit dem Streben, und ihre Sublimierung den Formen, die das Streben annimmt, zugrunde".

Daß Begehr und Reaktion, beide, hier gewaltig vertreten sein müssen, darauf gründet Schopenhauer sein bekanntes Experiment: sexueller Reizung nachzugeben um dann, jählings, vom Punkt hoher Steigerung, abzubiegen in Geistesarbeit. Man wäre versucht zu glauben, ähnliche Experimente müßten sich bestätigen nicht nur bezüglich speziell-sexualer Mitwirkung, sondern aller Triebhaftigkeit, z. B. auch von als "böse" gebrandmarkten Regungen, denen wir ja nur infantil-sorglos noch ohneweiters nachgaben. Das noch amoralische Begehren, so dicht bei seiner Umstülpung vom narzißtisch Ununterschiedenen ins kraß selbstisch Verengte, mag bei diesem Übergang Möglichkeiten in sich enthalten, die dem

Menschen nicht in der Praxis, nur in schaffender Phantasie, ganz aufgehen. Ist doch "Sexuales" wie "Böses" in diesem Sinn allein, aber darin tatsächlich, dem Schaffenden vermehrt zu eigen: wenn Goethe versichert, er wisse "von keinem Verbrechen, das er nicht auch begangen haben könnte", so kennzeichnet das nicht den individuellsten, sondern typischesten, den noch infantil-alles enthaltenden Menschen, den, auf formkünstlerischem Wege zielmächtigsten, aber auch den schlechthin riskiertesten. (Es handelt sich darum: "zu begreifen, daß die bevorzugten Objekte des Menschen, ihre Ideale, aus denselben Wahrnehmungen und Erlebnissen stammen, wie die von ihnen am meisten verabscheuten, und sich ursprünglich nur durch geringe Modifikationen voneinander unterscheiden"; Freud, "Das Unbewußte".) Entgleist der Mensch aus seinem Schaffenszustand, so sieht er sich infolgedessen furchtbar aufgehängt zwischen Nichts und Nichts: weder geborgen am Werk, noch an der Realwelt, worin er dem Urteil der anderen fragwürdig wurde wie dem eigenen,

d. h. wie seinem Privatpersonentum innerhalb praktischer Weltgeltungen. Lassen schon Stockungen, Störungen während der Arbeit Künstler leicht als Neurotiker erscheinen, so gleicht die gefährliche Grundvoraussetzung alles Schaffens sie nahezu psychotischer Verfassung an: indem es sie hinter den Rücken ihres Ich zurückzieht in ihrer eigentlichsten Tätigkeit. Gelegentlich mehrfacher Beobachtungen habe ich mich immer wieder überzeugt, mit welcher Selbstverständlichkeit, bei unvermutetem Absturz aus produktivem Verhalten, ein Zurückfallen in Infantilismen sexueller Art sich einstellen kann (Freuds Bemerkung bewahrheitend: "Das Höchste und das Niederste hängen an der Sexualität überall am innigsten aneinander." Drei Abh. z. Sexth.). Gerade daran pflegt die Befürchtung sich zu verstärken: daß es sich wohl nicht nur um vorübergehende Unterbrechung handle, sondern um Nachlassen der geistigen Potenz überhaupt. Dies ist aber um so bedauerlicher, als Schaffenszustände oft geradezu derartiger Absetzungen, Aussetzungen bedürfen mögen, solcher

Erholungspausen des Bewußtseins, dem heimlich weitergehende Arbeit sich entzieht, etwa wie dem Auge der Säfterückzug in winterlichen Stamm entzogen bleibt, während dessen die Bäume sich umschütten mit aller Melancholie entleerten, entfärbten Laubes. Wir beurteilen uns eben vom Bewußtseinsauge aus, das wir prüfend auf uns richteten seit Überschreiten unserer Infantilgrenze; und dieser beurteilende, verurteilende Blick ist dann am unerbittlichsten, schärfsten, wie auch die Triebe an dieser Grenze hier am stärksten sich stauen und verstärken. Es ist deshalb, als ob der Schaffende noch einmal Kindheitsparadies wie Kindheitshölle gleichermaßen zu durchkosten bekäme.

Entfremdetsein von unserm Ich ist uns harmlos nur gegeben in unserer allnächtlichen kleinen Psychose, unserem allnächtlichen wundersamen Schaffenszustand, dem Traum, der schon so vielfach primitivem Kunstwerk verglichen wurde. Was den Traum dem Schaffen vor allem anähnelt, ist die ungeheuere Objektivität, womit er seinen Inhalt vor uns hinstellt, auch noch an das scheinbar krauseste Durcheinander verblüffende Kraft überzeugender Formung, Gestaltung, verschwendend. Aber nicht einmal diese selbst enthält, meines Erachtens, das künstlerischeste Moment daran: sondern erst die Traumfähigkeit so vielem gerecht zu werden unbeeinflußt von unserer persönlichen Stellungnahme dazu. Man kennt Lichtenbergs ärgerliche Frage, warum, um alles in der Welt, sogar Dichter außerstande seien, fremde Charaktere derartig treffend, wissend, unbestechlich durch eigene Vorurteile zu verlebendigen, wie der Traum es mühelos erzielt. Mir ist das stets als tiefster Beweis dafür erschienen, daß im gesunden, unbeschädigten Narzißmus an sich selber dies übersubjektive Moment wirksam sei, d. h. seine Wunscherfüllungen gar nicht umhin können, aus tiefer Identifikation mit allem herauszuschaffen, weil nur dies seiner unwillkürlichen Tendenz entspricht. Sowohl am manifesten wie latenten Traumtext finden sich Teile dieser Art, die sich über das persönlich Wünschbare hinaussetzen, den Träumer anderen gegenüber zu kurz kommen lassen, und, wenn psychoanalytisch weit genug verfolgt, auf das noch Allumfassende des Narzißtischen führen. Nur daß im Traum der Homer schläft, der das Werken zunutze machen könnte. In Wachträumen dagegen, wo die geistige Überlegenheit nicht schlummert und wo sie auch Beobachtungen des Sachverhalts so erleichtern könnte, fehlt damit auch jene narzißtische Identifikation mit ihrer ungewollt großzügigen Objektivität: Wünsche des Ichs gewinnen Oberhand und zerstören mit ihrer passiven Selbstbespiegelung den aktiven Formdrang. Auch im Kunstwerk kann es Punkte geben, daraus Traum oder Wachtraum verräterisch reden: d. h. ungenügende Bewußtseinsarbeit oder aber ungenügende Ichverdrängung – Punkte, bei denen besonders erfolgreich Analyse ansetzen kann, während das künstlerisch Vollgelungene sich aller Berechenbarkeit entzieht: sozusagen nicht ermöglicht, auf der Linksseite des bunten Mustergewebes dem Verlauf der Fäden und Verknotungen nachzuspüren.

So ist denn, ganz abgesehen von der "Begabungsfrage", auf die beim Künstlertum zurückgegangen sein muß, die Objektivierungsnötigung schon in der narzißtischen Identifikation als alles Schaffens Grundlage gegeben. Der Werkdrang, der Formwille ergibt sich in seiner ganzen Wucht aus dieser noch ungeschiedenen Einheitlichkeit von passiv und aktiv, wovon unsere mittleren, unsere bewußtseinsvermittelteren, abgeleiteteren Zustände so wenig mehr wissen, und was darum auch die Sprache in ein Zweierlei zerzupft (obschon wir noch biologisch "Reizsamkeit" und "Reaktion" als identisches Lebensmerkmal auffassen). Indem nun Schöpfungen der Kunst sich außerhalb des praktischen Daseinsablaufs in ihrer Wirklichkeit durchsetzen müssen, binden sie ihre Erlebnisweise an die Wiederholbarkeit; Form geworden heißt da: in Vorhandenheit, Gegenwart, Sein, beharren durch unabänderliche Festlegung bis ins Letzte und Äußerste, so daß jedem inneren Nachschaffen, jedem Mitgenuß das Ganze sich lebendig darstellt. Kinder, in ihrer

Phantasiefrische, wissen am besten um diesen Umstand, wenn sie eifervoll darauf bestehen, Erzähltes absolut gleichlautend wiederzuhören, und jede Änderung daran als "Lüge", als Angriff auf ein positives Sein, rügen. Diese Formehrfurcht, für die Form noch Inhalt in tieferem Sinn ist und umgekehrt, läßt leicht Kinder künstlerisch begabter erscheinen, als sich später beglaubigt; sie haben eben noch – wörtlich – "Spiel"raum dafür innerhalb der praktisch-logischen Realität, die sie noch nicht von allen Seiten zwingend umlagert und "Urgezeugtes" noch nicht an Welt und Ich vorbei, in ganz andere Kategorie verweist. So spielend-selig würde der Künstler sein Werk erleben, handelte es sich nicht darum, nachdem es ihm geschenkt ward, es zu übersetzen wie Träume erst in "sekundärer Bearbeitung" vor dem Entsinken bewahrt werden können.

Eben daß es nicht um ein stückweis Werdendes, erst zu Erarbeitendes geht, sondern um Vorhandenheit, davon nur Schleier zu reißen sind, die sich verdichten, plötzlich undurchdringlich werden können, macht die eigentlich aufreibende Anstrengung bei der Arbeit aus, ihre Hast und Angst. Ohne die drei Allzumenschlichkeiten, die mit allem Schöpferischen zusammenhängen: den Kampf gegen dabei zu behebende Verdrängungen, die Gefahr des Entgleisens in infantile Materialität, und endlich diese hastende Überspannung – wäre es eine "Anweisung zu seligem Leben", wie sie sonst nichts auf Erden kennt, ein Schwelgen aus dem Vollen, worin Rausch und Frieden sich zur gleichen unerhörten Erfahrung einen. Nicht umsonst pflegt solchen Zeiten, noch ehe das Bewußtsein ihr Nahen gewahr wird, gleich einem Herold, Freude voranzugehen (im Gegensatz zu anderer, von uns mehr oder weniger als begründet gewußter Freude, eine dem Manischen ähnliche, wie auch jähes Vertriebensein daraus eher an pathologische Melancholie gemahnt als an normale Verlust-Trauer). Im Schöpferischen, wenn irgendwo, finden wir die Farben und Bilder, womit sich uns fast Gotthaftes ins Irdische malt. Und wenn der Mensch sich einen Gott als

Weltenschöpfer vorstellt, so ist das nicht nur, um die Welt, sondern auch des Gottes – narzißtische – Wesenheit zu erklären: mag solcher Welt Böses und Übel in Menge anhaften, der fromme Glaube würde erst zunichte an einem Gott, der nicht wagt Werk, Welt, zu werden.

Absichtlich rede ich hier nicht von Ichtrieb und "Arttrieb": namentlich seit der teleologischen Wendung des Wortes bei C. G. Jung besinnt man sich besser darauf, wie unausrottbar viel Teleologie sich darin festgenistet hat, schon von Schopenhauer und vom Evolutionismus her trotz dessen betonter Naturwissenschaftlichkeit der Auffassung. (Vgl. dazu die Klarstellung durch Carl Abraham bereits in der Intern. Zeitschr. III, p. 72.) Insbesondere die infantile Sexualität, die grundlegende für alle spätere, läßt sich mit Arttrieb am wenigsten decken: da aber mit der Elternschaft, dem Kind-Ebenbilde, auch wiederum unser Narzißmus erst recht auflebt, so brächte auch sogar bei Fortpflanzung der Art uns das Wort noch um keine einzige Station weit vom Ich ab.

In der Tat läßt sich nur durch Hinweis auf den positiven Charakter der passiven Libidokomponente diese genügend unterscheiden von einer bloßen "Attitüde" unseres Ich-Machtstrebens: wie A. Adler sie auffaßt, der dadurch zu intellektualistischer Verkürzung und Vereinfachung der psychischen Vorgänge kommt. Allerdings zu einer, die ihm manche Anhänger sichern mag, welche von Freud abfielen, weil mit der bösen Sexualität nicht zu spaßen war als einem bloßen "Jargon" der Gefühlsäußerung. Aber den Mangel eines positiven Zweierlei – das, für unsere menschliche Blickmethode, nun einmal überall wirksam wird, wo sich Leben regt – muß auch A. Adler sich irgendwie ersetzen: in der Schroffheit und Starrheit der libidinösen bloßen Fiktion, erscheint diese – obwohl ein Minderwertigkeitsanzeichen – schließlich als dermaßen allgemein und wesentlich, daß "Psychisches" geradezu damit in eins zu fassen wäre, d. h. der Gesunde, Nichtminderwertige, verlegen würde um hinreichende Beschaffung von Psyche.

Das Nähere ist verwendet in einer (bei Diederichs, Jena) erscheinenden Kindergeschichte: "Die Stunde ohne Gott." Ein Thema übrigens, dem es sich lohnen würde, öfter forschend nachzugehen, insofern jeder Mensch unter irgend welchen Glaubensvorstellungen aufzuwachsen pflegt, und die entscheidende Stunde seines erstmaligen Zweifels – nicht notwendig schon des theoretisch bedingten, häufig viel später und viel weniger tief wirksamen – kennzeichnend bleibt für sein ganzes Wesen, auch wenn dies praktisch Erfahrene zunächst wieder mit theoretischer Bemühung verdrängt wird.

In dem vortrefflichen Buch von G. Róheim scheint mir bei Erklärung der Spiegelriten die narzißtische Doppelrichtung ebenfalls nicht genügend beachtet: wieviel auch in den Verboten und Geboten darauf beruht, daß vom Ich, seiner Selbstbespieglung, seinen Gewissensbissen, seiner sozialen Schädigung, seiner Gefährdung ausgegangen wird, die entgegengesetzte Seite kam sicherlich ergänzend hinzu in der

Scheu des Ich vor sich selbst als dem in Begrenzung gebundenen.

"– Dies also: dies geht von mir aus und löst
sich in der Luft und im Gefühl der Haine,
entweicht mir leicht, und wird nicht mehr die Meine
und glänzt, weil es auf keine Feindschaft stößt.
Dies hebt sich unaufhörlich von mir fort,
ich will nicht weg, ich warte, ich verweile;
doch alle meine Grenzen haben Eile,
stürzen hinaus und sind schon dort.
Und selbst im Schlaf: nichts bindet uns genug.
Nachgiebige Mitte in mir, Kern voll Schwäche,
Der nicht sein Fruchtfleisch anhält. Flucht, o Flug
von allen Stellen meiner Oberfläche.

-

Jetzt liegt es offen in dem teilnahmlosen
zerstreuten Wasser, und ich darf es lang
anstaunen unter meinem Kranz von Rosen.
Dort ist es nicht geliebt. Dort unten drin
ist nichts als Gleichmut überstürzter Steine,
und ich kann sehen, wie ich traurig bin."

(Aus: "Narziß" von Rainer Maria Rilke. Manuskript.)

Zur Unterscheidung vom andern Lustbezug: demjenigen bloß ersparten Kraftaufwands, wie er Freuds Witztechnik zugrunde liegt. (Ferenczi, Analyse von Gleichnissen, "Intern. Zeitschrift", III, 5., p. 278.)

Vgl. hiezu die Schlußseiten von Ferenczis "Von Krankheits- oder Pathoneurosen", Intern. Zeitschr. IV, 5, wo von Masochismus und weiblicher Genitalität als sehr dunklen Problemen die Rede ist, und wo Körperverletzungen als

Anlässe zu Regression auf ursprünglichen Hautmasochismus (die Haut infantilste erogene Zone!) erörtert werden.

Schon früh hat sich P. Federn für den primären Charakter der "Passionslibido" ausgesprochen entgegen Freuds: "ein ursprünglicher Masochismus, der nicht – – – aus dem Sadismus entstanden wäre, scheint nicht vorzukommen". "Im Gegensatz dazu muß ich als sicher hinstellen, daß die Libido sowohl weiblich als männlich sein kann. (Intern. Zeitschr. II, 2, 119.)" "Das Kriterium des Masochismus ist – – die passive lustvolle Einstellung des Gesamt-Ichs. Menschen, die normale und masochistische Sexualität besitzen, geben an, daß die masochistische Sexualität ›durch das Gehirn gehe‹, sie nehmen die Überwältigung des ganzen Ichs selbst an". Hiermit ist von P. Federn für den primären Masochismus die Eignung zur vollen Liebesfähigkeit in Anspruch genommen, die sich nach Freud kennzeichnet als "Relation des Gesamt-Ichs zu den Objekten". (Samml. kl. Schr. z. N., IV, 274.)

Verschiedene Träume aus der Knabenzeit gehören hieher; z. B. man ist mit sich selbst wie mit einer Vermummung umhüllt, Verkleidung oder Maske, da etwas darin steckt, das jeden Augenblick alles in Fetzen durchstoßen, zerreißen kann, und doch damit einen selber vernichten. Oder: man liegt neben offenem Grab, in das ein Grabstein hineinzustürzen droht, der dicht dabei hochragt und nur auf die erste unvorsichtige Bewegung wartet, denn er gehört ja auf diese Öffnung, einen selber aber begräbt sie.

Vortrefflich prägt den Unterschied zwischen Drill und Liebesgesinnung eine (mir gesprächsweise in dieser Form bekannt gewordene) Bemerkung I. Marzinowskis: Im einen Fall sucht man Heimlichkeit über eine Verfehlung zu wahren, den Strafakt zu umgehen, als sei sie damit wie unbegangen, im anderen Fall ersehnt man im Gegenteil Beichte, Bekenntnis, auf die Knie sich zu werfen, an die Brust dessen, für den man liebenswert sein will. – Weniger einverstanden bin ich, wenn Marzinowski in: "Die erotischen Quellen des

Minderwertigkeitsgefühls" (Zeitschr. f. Sexualw. IV) ohneweiters volle Reife darin sieht, über das Verlangen nach Gegenliebe, zur Liebesautonomie: "wenn ich dich liebe, was gehts dich an!" zu kommen. Zwar stimmt dies zu den sittlichen Anforderungen bestechend, klingt prächtig selbstlos, redet aber recht oft die Sprache unseres Narzißmus, der noch gar nicht bis zur vollen Objektliebe gelangte. Man denkt sich unter narzißtisch Veranlagten zu ausschließlich von Gegenliebe Abhängige (was weit mehr von den bewußter Ich-Eitlen oder aber Narzißmus-Schwachen gilt) anstatt Selbstgenügsame, weil unbewußte Allteilhaber, die auch im Objektlibidinösen nur sehr lose an den Äußerungen vom Objekt her hängen. Bedrängt durch narzißtisches Zuviel, kann ihnen höchst egoistisch "Geben seliger denn Nehmen werden", d. h. sie dankbarer stimmen für eines Menschen Gewalt, Liebe in ihnen zu wecken, als für seine Gegenliebe, die sie leicht beschämt und neu bedrängt.

So sehr freilich, daß die Objektidealisierung sogar die Triebsublimierung lähmen kann, und der Gott mehr Entzücken bewirkt als Moral. Übrigens ist es massiv und richtig Gläubigen auch meistens nur selbstverständlich, wenn etwa im Jenseits neben hochsublimierten Glückssorten auch die infantilsten Wünsche sich drastisch durchsetzen – Askese gilt nur dem Hineingelangen. Erst dem außerhalb solcher Gläubigkeit Stehenden erscheint das nicht folgerichtig, beleidigt seine moralische Logik; und doch lediglich, weil sein erhöhtes, "frommes" Verhalten den stofflichen (Kinder-) Himmel und zugehörigen Personengott, von sich aus, in sich selber, wertend ersetzen muß. Ihm geschieht es deshalb leicht, sich selbst gegenüber weniger ehrlich zu bleiben, und trotz seiner nüchternern sachlichern Einsicht, den narzißtischen Grund und Boden zu verleugnen (den der naive Glaubenshimmel ruhig mit überwölbt), weil er auf seiner obersten irdischen Kippe balancieren muß.

Innerhalb davon dürfte sich zweierlei Schaffensart unterscheiden lassen, je nachdem, wie weit Aufhebung von Verdrängungen vorwiegend in Frage kommt. Diese kann den Vorgang so kampf- und angstvoll einleiten, daß er zunächst Widerstreben statt Freude weckt; Hermann Bang erzählte mir, wie oft er bei Arbeitsausbruch vom Stuhl springe und ans Fenster eile, hoffend, etwas Ablenkendes draußen möge ihn daraus erlösen. Glücksgefühl stellt sich hier erst als abgeworfener Verdrängungsdruck, als Kraftersparnis ein (analog den Freudschen Ausführungen über die Witztechnik). Positiver, bedingungsloser wirkt das Glück, wo es sich weniger um Verdrängungskampf handelt, als um unwillkürlich an uns sich vollziehende Erweiterungen, Ausweitungen unseres Wesens: um Beschenktwerden mit etwas, was nicht Wunsch oder Versagung in unserm Dasein gewesen war, sondern was praktisch uns gar nicht "lag", d. h. unserer persönlichen Struktur nicht entsprach, "verdrängt" also schon wurde mit der andrängenden Fülle unverwendbarer Ureindrücke. Im tiefen

Zurückreichen bis ins Infantilste kann uns gerade daraus zufallen, was sich damit "werkhaft" erledigt: Ergänzung, Ahnung, die hoch um uns herum reicht, uns nun erst einschließend ins Menschentum Aller. Der identifizierende Narzißmus, von produktiver Phantasie aus seiner Infantilität emporgerissen, beteiligt sich berauscht daran, ohne daß unsere persönliche Ichhaltung praktisch verändert würde.

Ich finde eben zwei Verse von Hugo von Hofmannsthal, die sowohl die Verdrängungshilfe beim Schaffen, als auch dessen widerspruchsvolle Verknüpfung mit der Leiblichkeit hübsch wiedergeben:

1. "Aus der verschütteten Gruft nur wollt' ich ins Freie mich wühlen, Aber da brach ich dem Licht Bahn und die Höhle erglüht."
2. "Fürchterlich ist diese Kunst! Ich spinn' aus dem Leib mir den Faden, Und dieser Faden zugleich ist auch mein Weg durch die Luft."

In seinen "Drei Abh. z. Sexth." vermerkt Freud die Tatsache, daß man, obwohl dem Schönen das sexuell Reizende praktisch zugerechnet zu werden pflegt, doch niemals die Genitalien selber als schön bezeichnete. Sicherlich erklärt sich daraus, wie ganz die Hochwertigkeit ästhetischer Betrachtungsweise sich nur gegen die Gepflogenheiten der Praxis durchsetzte: auch noch die Enthüllung des Nackten als Poesie bleibt insofern eine Folge des Feigenblattes.

Der verstorbene junge Markus hat gut in einer kleinen Studie (Zentralblatt IV, 11–12 "Die Objektwahl in der Liebe", p. 598) darauf hingewiesen, wie die Freudsche "Latenzzeit" es sei, worin diejenigen Urteile sich in uns festsetzen, die später der Sexualität so autoritativ wie aus anderer Welt gegenübertreten.

Mir hat es sich bisweilen aufgedrängt, daß in Wachträumen sich Übergang vorbereitet zu tätig-produktivem Zustand, wenn der Wunschtext, der meist höchst bewußt zugrundeliegt, mit seinem passiven Realisierungsspiel zur Seite weicht vor einer gewissermaßen formalen Bewältigung seiner Einfälle. Dieser

Übergang selbst schert sich dann daran illustrativ zu spiegeln, schafft sich selber gleichsam Sinnbilder, so daß es dabei fast zugeht, wie bei Silberers "funktionalem Phänomen": nur, anstatt zwischen Wachen und Einschlafen, hier zwischen Wachtraum und Produktion, also nach der anderen Richtung dessen, was uns unserem isolierten Ichbewußtsein enthebt.

Hinsichtlich der Psychoanalyse an lebenden schaffenden Künstlern möchte ich glauben, daß man äußerst vorsichtig und streng zweierlei mögliche Wirkungen auseinanderhalten muß: die künstlerisch befreiende, wodurch Hemmungen, Stockungen in den formentbindenden Sublimationsvorgängen beseitigt werden, und eine unter Umständen gefährdende, insofern sie ans Dunkel rühren kann, worin die Frucht keimt. Ob man sich ganz ans Personale, Außerästhetische, halten kann bei tiefer dringender Psychoanalyse, ist kaum zu beantworten bei unserem geringen Wissen um das Zustandekommen schöpferischer Vorgänge.

In "Über Trauer und Melancholie" (S. d. kl. Schr. z. Nl. IV) wirft Freud die Frage auf, warum, trotz gewisser Vergleichbarkeit von Melancholie mit normaler Trauer, von Manie mit Frohsinn, wohl der Melancholie Manie folge, nicht aber der Trauer Frohsinn, sondern nur resignierende Gewöhnung, und ob die Allmählichkeit der Gewöhnung an den Verlust das verursache: "Diese Lösung geht so langsam und schrittweise vor sich, daß mit der Beendigung der Arbeit auch der für sie erforderliche Aufwand zerstreut ist." Außer solchem ökonomischen Gesichtspunkt kommt vielleicht noch in Betracht, daß, während Normaltrauer auf ihren Einzelfall beschränkt bleibt und eben an dem, was noch übrig bleibt, sich zur Resignation ausgleicht, für Melancholie narzißtisch "alles" hin ist, inbegriffen das eigene, sich selbst vernichtende und entwertende Ich, und ebenso der Umschlag in Manie "alles" wiederherstellt, also nicht an Gräber sich gewöhnt, sondern Auferstehungen feiert. Dies würde aufs Stärkste an die narzißtisch-durchsetzten Zustände des poetisch Schaffenden erinnern.